Inhalt

EU-Großprojekt Galileo - Sinnvolle Milliardeninvestition?

Kernthesen

Beitrag

Fallbeispiele

Weiterführende Literatur

Impressum

EU-Großprojekt Galileo - Sinnvolle Milliardeninvestition?

W.Sydow

Kernthesen

- Die Europäische Union baut ihr eigenes Satellitennavigationssystem, um unabhängig vom amerikanischen Marktführer GPS zu werden.
- Die EU lässt sich dieses hochtechnologische Projekt 3,4 Milliarden Euro Kosten. Die einzelnen Mitgliedsstaaten haben sich lange um Auftragsanteile gestritten, wodurch sich das Projekt um fünf Jahre verzögert hat.
- Das Satellitennavigationssystem, das unter dem Namen Galileo läuft, soll nach den

Vorstellungen der EU-Kommission nur im zivilen Bereich genutzt werden. Einzelne EU-Staaten fordern allerdings auch die militärische Nutzung.

Beitrag

3,4 Milliarden Euro zahlt die EU aus ihrem Haushalt für Galileo. Ob sie allerdings mit der derzeitigen Verzögerung damit im Jahre 2013 noch den großen Durchbruch erzielen wird, ist umstritten. Der europäischen Wirtschaft war das Risiko zu hoch, sich an dem Projekt finanziell zu beteiligen jetzt kämpft sie allerdings händeringend um die Aufträge.

Konkurrenz zum amerikanischen Monopolführer

Die Europäische Union wird ihr eigenes Satellitennavigationssystem bauen. Erstmals unter der Oberaufsicht der EU-Kommission soll ein milliardenschweres Industrieprojekt durchgeführt werden. Das mit 26 Satelliten ausgestattete Projekt läuft unter dem Namen Galileo und soll bis 2013 fertiggestellt werden. Die Europäische Union will mit Galileo die Abhängigkeit von dem amerikanischen

Monopolführer, dem GPS-System, verlieren. Die Vorteile von Galileo gegenüber GPS liegen vor allem in der Präzision und Sicherheit des Signals und beim zusätzlichen Service, sagt Peter Hintze, der Koordinator der Bundesregierung für Luft- und Raumfahrt. Das Prestigeobjekt der Europäischen Union wäre allerdings beinahe an der Finanzierung gescheitert: Ursprünglich sollte Galileo ein Gemeinschaftsprojekt zwischen dem Privatsektor und der öffentlichen Hand werden. Diese Idee scheiterte aber größtenteils aufgrund des Streits der EU-Länder, wer was bauen soll und wer welche Teile des Systems beherbergen darf. Zudem kam hinzu, dass der Industrie das Risiko des Projekts zu groß war, um dafür Milliarden aufs Spiel zu setzen. Deswegen beschlossen die EU-Minister gegen den Willen Deutschlands - die benötigten 3,4 Milliarden Euro aus dem eigenen Haushalt zur Verfügung zu stellen Galileo wird also nun komplett von den Steuerzahlern finanziert. Durch diese Auseinandersetzungen verzögerte sich die anfangs geplante Frist für die Fertigstellung des Satellitennavigationssystems um fünf Jahre von 2008 auf 2013. Trotz des Finanzierungskompromisses gingen die Diskrepanzen in Brüssel über Galileo weiter: Monatelang gab es ein Tauziehen zwischen den Staaten, wer welche Aufträge erhält; denn jeder wollte etwas vom 3,4 Milliarden Euro schweren Kuchen abbekommen. Doch nicht allein das Geld spielte hierbei eine Rolle, sondern auch der Nationalstolz der einzelnen Heimatstaaten der führenden Unternehmen in diesem Bereich. (1), (5), (6)

Auftragsvergabe

Die Verkehrsminister der 27 EU-Staaten einigten sich auf Regeln zur Auftragsvergabe. Demnach sollen alle Anbieter eine Chance bekommen, aber gleichzeitig soll ein funktionierender Wettbewerb die Kosten nicht ins Unendliche steigen lassen. Der Beschluss besagt zudem, dass die Aufträge für die Infrastruktur von Galileo in sechs Pakete aufgeteilt werden. Diese sind die Systemplanung, der Ausbau der Bodeneinrichtungen sowie der Kontrollzentren, der Bau und der Start der Satelliten sowie deren Betrieb. Allerdings können die einzelnen Pakete auch aufgeteilt werden und an einzelne Unternehmen vergeben werden. Dies haben die Verkehrsminister insbesondere in Hinblick auf das Paket Satellitenbau beschlossen, da dieses mit 1,2 Milliarden Euro einen Löwenanteil ausmacht. Doch nicht nur der Gerechtigkeit halber hat sich die EU auf diese Paket-Aufsplittung geeinigt, sondern auch um sich nicht von einem Unternehmen abhängig machen zu müssen. Zudem müssen Subunternehmer laut der Entscheidung an jedem Paket Aufträge in Höhe von mindestens 40 Prozent des Wertes übernehmen. Deutschland bekommt laut Bundesverkehrsminister Wolfgang Tiefensee einen großen Teil des Investitionsvolumen von 3,4 Milliarden Euro ab: Allein das Bodenkontrollzentrum, das im bayerischen Oberpfaffenhofen entstehen soll, bringt enormes Potenzial für Deutschland. Ein weiteres wird im italienischen Fucino errichtet sowie ein drittes in Spanien, das die Regierung in Madrid allerdings selbst finanzieren muss. Zu dieser Ausnahmeregelung kam es aufgrund des alleinigen Widerstands Spaniens gegen die Auftragsvergaberegelung. Das spanische Kontrollzentrum wird allerdings nur für die Steuerung von Signalen für Rettungsdienste eingesetzt werden. Bei der praktischen Umsetzung der weiteren Aufträge erhält die EU-Kommission Unterstützung von der Europäischen Weltraumagentur ESA, in fachlicher Hinsicht wird ihr ein beratendes Gremium zur Seite gestellt. (2), (3), (7)

Umstrittene Nutzung von Galileo

Die EU-Kommission propagiert alle möglichen Anwendungsbereiche für ihr neues Satellitennavigationssystem von der Landwirtschaft über die Luftfahrt bis zum Straßenverkehr oder dem Katastrophenschutz. Mit der militärischen Nutzung

Galileos wirbt sie allerdings nicht. Galileo sei ein ziviles Projekt unter ziviler Kontrolle, sagt dazu der EU-Verkehrskommissar Jacques Barrot. Nichtsdestotrotz wollen einige EU-Staaten das Satellitennavigationssystem aber hauptsächlich für militärische Zwecke einsetzen. Die französischen Streitkräfte etwa spielen mit dem Gedanken, ihre Lenkwaffen eines Tages dank Galileo ins Ziel zu bringen. Auch weitere EU-Staaten wie Litauen, Spanien, Dänemark oder Italien sind laut einer Umfrage der EU-Kommission nicht abgeneigt von der Idee, Galileo militärisch zu nutzen. Diesen Gedanken lehnt nur Großbritannien wirklich ab, weil es nämlich bereits das GPS-System der Amerikaner genau für diese Zwecke nutzt. Und damit haben die Briten innerhalb der EU eine privilegierte Stellung inne. Die anderen EU-Staaten können das militärische Signal über GPS aber nicht einsetzen. Sie sehen daher darin eine große Chance, mit den USA Schritt zu halten bzw. sie zu übertrumpfen. Laurence Nardon, Expertin vom Pariser Institut für Internationale Beziehungen, meint, dass für Frankreich Galileo wichtig sei, um die Idee einer europäischen Verteidigungspolitik voranzubringen. Ob nun Großbritannien Frankreich etwa aufhalten könnte, Galileo für die Armee zu nutzen, ist fraglich. Technisch gesehen stellt das kein Problem dar, weil eines der fünf Signale von Galileo exklusiv für Behörden bestimmt sein soll. Das heißt, dass dieses gegen Störungen besonders geschützt und aufgrund seiner Verschlüsselung nur gegen Bezahlung benutzbar sein wird. Angedacht ist dieses Signal zum Beispiel für Rettungsdienste. (1), (10)

Fallbeispiele

Astrium hat die Fähigkeit und den Willen, die Satelliten für Galileo zu bauen wir sind bereit, sagt der Vorsitzende der Geschäftsführung der EADS-Raumfahrtsparte Astrium, Evert Dudok. Und Astrium scheint gute Chancen zu haben: Das Unternehmen ist in Brüssel im Gespräch, um die Führung beim Projekt Satellitenbau zu übernehmen. Der europäische Flugzeugbau- und Rüstungskonzern EADS beschäftigt europaweit rund 11.000 Mitarbeiter. Die Galileo-Aktivitäten sind in Ottobrunn bei München angesiedelt. Im vergangenen Jahr setzte die Raumfahrtsparte des Unternehmens in Europa rund 3,2 Milliarden Euro um. Bundesverkehrsminister Wolfgang Tiefensee (SPD) sieht Chancen: Deutschland sei mit EADS Astrium im Space Sector und bei der Ground Control nicht schlagbar. (6), (8), (9)

Das Bremer Raumfahrtunternehmen OHB

Technology ist allerdings auch interessiert an dem Auftrag: Der Wettbewerb wird unsere Stärke zeigen, sagt ein Unternehmenssprecher. OHB will zusammen mit dem britischen Unternehmen Surrey Satellite Technology Limited (SSTL) das Projekt Satellitenbau anführen. Das Unternehmen kann sich auf Erfahrungen in der Entwicklung, dem Bau und dem Betrieb von Kleinsatelliten für wissenschaftliche und industrielle Zwecke berufen. Zudem ist das 1200-Mann-starke Unternehmen der Hauptauftragnehmer für das deutsche Radar-Aufklärungssystem SAR-Lupe. (6), (8), (9)

Weiterführende Literatur

(1) Israel, Stephan, Auf zum Krieg der Sterne, NZZ am Sonntag, 02.12.2007, S. 07
aus Frankfurter Allgemeine Zeitung, 24.10.2007, Nr. 247, S. 3

(2) EU einigt sich auf Vergaberegeln für Navigationssystem Galileo Spanien stimmt Prestigeprojekt nachträglich zu
aus DIE WELT, 01.12.2007, Nr. 281, S. 12

(3) Einigung bei Galileo-Aufträgen
aus Süddeutsche Zeitung, 01.12.2007, Ausgabe Deutschland, Bayern, München, S. 28

(4) Europas Trabanten

aus Süddeutsche Zeitung, 01.12.2007, Ausgabe Deutschland, Bayern, München, S. 4

(5) O.V., Unternehmen reißen sich um Bau von Galileo, Spiegel Online, 30.11.2007
aus Süddeutsche Zeitung, 01.12.2007, Ausgabe Deutschland, Bayern, München, S. 4

(6) Mehrheitsentscheid für Galileo in Brüssel
aus Neue Zürcher Zeitung 30.11.2007, Nr. 279, S. 2

(7) O.V., Europa gibt Galileo den richtigen Schub, Spiegel Online, 29.11.2007
aus Neue Zürcher Zeitung 30.11.2007, Nr. 279, S. 2

(8) Feilschen um Galileo
aus Frankfurter Allgemeine Zeitung, 30.11.2007, Nr. 279, S. 16

(9) Deutsche Unternehmen konkurrieren um Galileo
aus Frankfurter Allgemeine Zeitung, 29.11.2007, Nr. 278, S. 14

(10) Woher das zusätzliche Geld für Galileo kommt
aus Neue Zürcher Zeitung 26.11.2007, Nr. 275, S. 15

Impressum

EU-Großprojekt Galileo - Sinnvolle Milliardeninvestition?

Bibliografische Information der deutschen Nationalbibliothek

Die Deutsche Nationalbibliothek verzeichnet diese Publikation in der deutschen Nationalbibliografie; detaillierte bibliografische Daten sind im Internet über http://dnb.d-nb.de abrufbar.

ISBN: 978-3-7379-1635-6

© 2015 GBI-Genios Deutsche Wirtschaftsdatenbank GmbH, Freischützstraße 96, 81927 München, www.genios.de

Alle Rechte vorbehalten. Dieses Werk ist einschließlich aller seiner Teile – z.B. Texte, Tabellen und Grafiken - urheberrechtlich geschützt. Jede Verwertung außerhalb der Grenzen des Urheberrechtsgesetzes bedarf der vorherigen Zustimmung des Verlags. Dies gilt insbesondere auch für auszugsweise Nachdrucke, fotomechanische Vervielfältigungen (Fotokopie/Mikroskopie), Übersetzungen, Auswertungen durch Datenbanken oder ähnliche Einrichtungen und die Einspeicherung und Verarbeitung in elektronischen Systemen.